# 선생님이 만든

# 좔좔 글읽기

· · · · · · · · · ·

## 3권 와! 신나는 방학이다

# 선생님이 만든 좔좔 글읽기

## 3권 와! 신나는 방학이다

**초판 1쇄** 2019년 5월 15일
**초판 2쇄** 2022년 3월 10일

**지은이** 서울경인특수학급교사연구회

**펴낸이** 방영배
**디자인** 강민재
**펴낸곳** 다음생각

**주소** 경기도 고양시 일산동구 중앙로 1261번길 19 호수광장빌딩 204호
**전화** 031-903-9107   **팩스** 031-903-9108   **이메일** nt21@hanmail.net
**출판등록** 2009년 10월 6일 제 2019-000144호
**인쇄·제본** 현문자현 **종이** 월드페이퍼
ISBN 978-89-98035-54-9(64700)

# 책이 나오기까지

〈서울경인특수학급교사연구회〉는 통합교육과 특수교육의 여건이 제대로 마련되지 않았던 90년대 초에 서울, 경기, 인천의 초등학교 특수학급 교사들이 모인 이래 지금까지 계속되고 있는 연구 모임입니다. 그동안 함께 모여 공부하고 올바른 교육의 방향에 대해 고민하면서 새로운 통합 프로그램 등을 만들어 보급해 왔습니다. 어떻게 하면 좋은 수업을 할 수 있을지 연구하여 여러 가지 수업 자료를 개발하기도 했습니다. 『선생님이 만든 좔좔 글읽기』도 이런 고민과 연구 과정을 거쳐 나온 책입니다.

읽기를 배우는 데 오랜 시간이 걸리는 아이들의 경우 좋은 교재와 다양한 방법으로 가르쳐야 함에도 마땅한 자료와 프로그램이 없어 고민이 많았습니다. 그래서 연구회 교사들은 2010년부터 국어 교육에 관한 연수를 들으며 국어 교육과정을 분석하고 국어의 각 영역별 목표 체계를 정리했습니다. 회원들이 각자의 국어 수업 사례를 발표하며 좋은 국어 수업 방법에 대해 고민한 끝에 2012년에 읽기 이해력 향상을 위한 자료를 만들었습니다. 총 25명의 현장 교사들이 직접 글을 쓰고, 읽기 이해 문제와 관련 활동지를 만들었습니다. 이 읽기 교재를 수업에 활용해 보니 아이들이 흥미 있게 수업에 참여하고 독해력이 향상되는 것을 알 수 있었습니다. 그동안 아이들에게 맞는 자료를 일일이 수정해 만드느라 애썼던 선생님들도 이 자료를 활용해 훨씬 수월하게 활동적인 수업을 할 수 있었다고 합니다.

이 책을 출판하기까지 많은 시간과 노력이 필요했습니다. 그 과정에서 여러 사람들에게 도움을 받았습니다. 덕원예고에서 미술을 전공하는 학생들이 약 1,200컷의 그림을 정성껏 그려 주어 책의 내용이 더욱 풍부해졌습니다. 그리고 도서출판 〈다음생각〉에서 의미 있는 결정을 내려 준 덕분에 이 책이 만들어질 수 있었습니다. 자원봉사로 수고해 준 덕원예고 학생들과 편집 작업에 애써 준 〈다음생각〉 출판사 분들께 깊은 감사를 드립니다.

여러 아이들의 다양한 특성에 맞는 단 하나의 교재란 있을 수 없습니다.
다만 『선생님이 만든 좔좔 글읽기』가 특수학급, 특수학교, 또 다른 교육 현장에서 국어 수업을 좀 더 풍요롭게 할 수 있는 자료가 되면 좋겠습니다. 아이들이 이 책으로 재미있게 공부할 수 있기를 바랍니다.

서울경인특수학급교사연구회

# 책의 특징

우리나라 아이들은 일찍부터 한글을 배우기 시작하여 초등학교에 들어가기 전에 이미 글을 줄줄 읽는 경우가 많습니다. 이를 반영하듯 초등학교 국어 교과서는 처음에 낱자 학습 및 단어 읽기를 다루다가 난이도가 급격히 높아집니다. 1학년 1학기 말쯤 되면 실제로 10문장 이상의 긴 글을 읽을 수 있어야 수업을 따라갈 수 있습니다. 한글을 깨치지 못한 상태로 입학하는 아이들의 경우 국어 수업에서 어려움을 겪을 수밖에 없습니다. 따라서 이제 막 문장 읽기를 시작하여 글을 유창하게 읽고 이해하는 데까지 많은 시간이 걸리는 학생들의 특성을 고려한 적합한 교재가 필요합니다.

이 교재는 학생의 연령에 맞는 좋은 문장으로 학습자의 속도에 맞게 읽기 이해력을 높일 수 있도록 개발하였습니다. 읽기를 배우는 데 오래 걸리는 아이들도 좋은 글을 읽고, 글에서 정보를 얻고, 글을 읽는 즐거움을 가질 수 있게 하고자 합니다.

1. 짧은 글을 읽고 내용을 이해할 수 있도록 다양한 활동으로 구성했습니다. 문장 읽기 수준에 있는 학생들은 누구나 이 책으로 독해 공부를 할 수 있습니다. 특수학급이나 특수학교에 재학하는 초·중·고 학생, 읽기에 어려움을 가지고 있는 학습 부진 학생, 한글을 배우기 시작하는 다문화 학생이나 재외교포를 대상으로 하는 한글교실에서도 사용할 수 있습니다.

2. 각 단계는 읽기 이해의 수준별로 분류해 제작하였습니다. 1단계의 목표는 1~2문장을 읽고 이해하는 것이며 마지막 4단계의 목표는 글의 구조를 이해하는 것입니다. 단계에 따라 글의 길이, 문장과 어휘의 난이도, 질문의 난이도가 높아집니다.

3. 다양한 종류의 글을 접하도록 제시하였습니다. 생활글, 실용적 정보를 주는 글, 문학 작품(시, 이야기), 노랫말, 일기, 설명글 등 다양한 글을 통해 읽기 이해력을 높이도록 하였습니다. 초등국어교육과정의 목표와 내용체계를 고려하였고 초등교육과정에서 다루는 주제를 선정하여 교사들이 직접 글을 썼습니다. 그림책이나 시와 같은 문학 작품을 선정한 경우에는 전문을 제시하여 학생들이 문학 작품 전체를 느끼도록 하였습니다. 실생활에서 정보를 주는 글을 바로 읽고 활용할 수 있도록 실용글 읽기를 제시했습니다.

4. 읽기 이해 능력을 중심으로 접근하지만 듣기, 말하기, 쓰기를 함께 배울 수 있도록 다양한 활동을 제시하였습니다. 읽기 이해 능력은 읽기 기술만을 따로 가르치는 것에 의해 향상되지 않으며 다른 영역과 총체적으로 접근하는 것이 바람직하기 때문입니다. '글마중, 신나는 글 읽기, 이야기 돋보기, 낱말 창고, 우리말 약속, 뽐내기'라는 꼭지를 두어 활동적인 수업이 되도록 제시하였습니다.

5. 읽기를 천천히 배우는 아이들의 특성을 고려하여 충분히 공부할 수 있도록 단계를 세분화하였습니다. 학생들의 연령과 특성에 맞게 선택하여 제시할 수 있도록 같은 수준의 자료를 다양하게 준비하였습니다.

# 책의 구성

'글마중'에는 배워야 할 전체 본문을 제시했습니다. 읽기가 서툴러 짧은 글을 읽는 아동이라 하더라도 국어 교육 목표에 따라 문학 작품 등을 부분만 제시하는 것은 바람직하지 않습니다. 아직 술술 읽는 것이 어렵지만 읽기를 재미있게 받아들일 수 있도록 완성도 있는 짧은 글을 그림과 함께 제시하였습니다.

'신나는 글 읽기'에서는 본문의 내용을 쉽게 파악할 수 있도록 글에 관련된 여러 활동을 제시하였습니다. 다양한 방법으로 읽기, 그림으로 전체 내용 파악하기, 내용과 관련된 듣기·말하기 활동 등으로 구성되어 있습니다. 이 꼭지를 통해 아이들은 읽기 활동을 재미있게 느낄 것입니다.

'이야기 돋보기'는 문장의 구조를 활용하여 내용을 파악하기 위한 반복적인 연습문제로 구성되어 있습니다. 본문의 문장을 나누어 제시하고 글의 내용에 관한 질문에 답하도록 문제를 제공하였습니다. 단계에 따라 문장의 길이, 문제의 난이도, 단서 수준, 답을 쓰는 방법을 달리하였습니다.

'낱말 창고'에서는 본문에 있는 낱말 중 어려운 낱말을 선정하여 낱말 뜻 익히기나 쓰기 활동, 맞춤법, 어휘 관련 활동을 제시하였습니다. 본문의 낱말과 관련된 여러 어휘를 제시하여 어휘력 향상을 꾀하였습니다.

'뽐내기'는 본문과 관련된 다양한 쓰기와 표현 활동으로 구성하였습니다. 반복적인 쓰기 연습만으로는 아이들 스스로 쓰기 표현을 즐길 수 없습니다. 글마중의 내용과 관련된 쪽지도 쓰고, 그림도 그리고, 만들기도 하면서 쓰기를 즐겁게 느낄 것입니다. 1단계에서 문장 완성하기부터 시작하여 마지막 단계에서는 글의 주제와 종류에 따라 글을 쓰는 방법까지 다루게 됩니다.

'우리말 약속'에서는 아이들이 익혀야 하는 말본지식(문법)을 이해하기 쉽게 제시하고 반복 연습을 통해 익히도록 합니다. 자모음 체계 익히기, 품사와 토씨(조사) 등의 문장구조 익히기, 어순대로 쓰기, 이음말(접속사) 익히기 등 말본지식을 활용할 수 있도록 다양한 활동을 제시합니다.

# 책의 꼭지 활용 방법

● 〈글마중〉에 나온 글을 다양한 방법으로 읽게 해 주세요. 적당한 속도로 정확하게 읽을 수 있어야 글의 내용을 이해할 수 있습니다. 문장을 읽기 시작한 아이들의 경우 소리 내어 읽는 것은 매우 중요합니다. 자기가 읽은 것을 들으며 읽은 내용을 이해하기 때문입니다. 눈으로 읽은 것을 바로 이해하는 묵독을 할 수 있는 단계가 되기 전까지는 다양한 방법으로 소리 내어 읽는 활동을 많이 해 보는 것이 좋습니다. 읽기의 유창성과 정확도를 높이면 읽기 이해력도 향상됩니다.

읽어 주는 것 듣기, 교사가 한 문장이나 한 구절씩 읽으면 따라 읽기, 중요한 단어나 구절만 따로 읽기, 입 맞추어 함께 읽기, 구절 나누어 읽기, 번갈아 읽기, 돌아가며 읽기, 혼자 읽기 등의 방법을 활용하면 좋습니다. 아이가 읽은 것을 녹음해 다시 듣게 하거나 친구와 서로 읽어 주는 방법도 동기 유발에 좋습니다.

● 〈신나는 글 읽기〉와 〈뽐내기〉는 표현 활동이므로 학습지만 활용할 것이 아니라 실제 활동을 통해 익히도록 해 주세요. 노래를 함께 부르고, 동작을 만들어 보세요. 주제와 관련하여 말하기, 동작, 음률, 미술, 몸짓, 놀이 등 다양한 표현 활동과 연계하여 활동적인 수업을 해 보세요. 이렇게 통합적으로 접근하면 아이들의 자유로운 표현 능력이 향상되고 흥미 있게 참여할 것입니다. 다양한 활동을 통해 자연스럽게 말하기, 쓰기 표현 능력이 향상될 수 있도록 연계하여 지도할 수 있습니다.

● 〈이야기 돋보기〉는 이해 목표에 따른 반복 활동으로 연습을 할 수 있게 되어 있습니다. 문장 단서와 그림 단서를 활용하는 방법을 알려 주세요.

# 지도 교사 도우미

● 〈꼭지별 내용 체계〉는 주제에 관한 꼭지 구성이 어떻게 되어 있는지 한눈에 볼 수 있도록 표로 정리되어 있습니다. 수업 계획을 세울 때 활용하거나 평가할 때 체크리스트로 사용해도 좋을 것입니다.

● 〈좀 더 활용해 보세요〉는 주제와 관련하여 추가로 지도할 수 있는 수업 아이디어를 제공하였습니다.

| 너도나도 이야기해요. | 듣기, 말하기와 관련된 활동을 소개하였습니다. |
|---|---|
| 같이 읽어요. | 주제와 관련하여 아이와 함께 읽어 보면 좋을 책을 소개하였습니다. |
| 마음대로 나타내요. | 주제와 관련된 다양한 쓰기 표현 활동을 제시했습니다. |
| 함께 놀아요. | 주제에 맞는 과학, 미술, 음악, 놀이, 연극 놀이, 자연 놀이, 요리 활동 등 다양한 통합 활동이 포함되어 있습니다. |

● 선생님께 한마디 는 교사가 참고할 만한 지도 방법을 학습지 하단에 제시한 것입니다.

# 1단계의 목표와 내용 구성

★ 1단계는 아이들의 생활에 관련된 주제를 중심으로 4권의 책으로 엮었습니다.

★ 1단계는 문장 읽기를 시작한 아이들에게 짧은 생활문이나 노랫말, 주변에서 흔히 접할 수 있는 짧은 글을 통해 읽기에 흥미를 갖도록 하였습니다.

★ 1단계의 목표는 다음과 같습니다. 단, 제시 방법에 따라 목표를 조정할 수 있습니다.
- 읽기 : 3~5문장의 짧은 글을 그림과 연결하여 내용을 파악할 수 있다.
      1문장을 읽고 '누가, 어디, 무엇'에 관한 질문에 단서를 이용하여 답할 수 있다.
- 듣기 말하기 : 대화 주제와 관련하여 다양한 언어 표현 활동에 참여할 수 있다.
- 쓰기 : 주제에 관련한 짧은 문장 쓰기를 통해 쓰기 표현에 흥미를 느낄 수 있다.
- 문학 : 짧은 생활문, 동시, 노랫말, 실용문 읽기를 통해 읽기에 흥미를 느낄 수 있다.
- 문법 : 닿소리와 홀소리를 조합하는 글자의 구성 원리를 파악할 수 있다.

| | 1권<br>〈우리 집에 놀러 와〉 | 2권<br>〈학교는 즐겁다〉 | 3권<br>〈와! 신나는 방학이다〉 | 4권<br>〈우리들은 자란다〉 |
|---|---|---|---|---|
| 전체 구성 | 동물원<br>주말농장<br>엄마<br>결혼<br>이사 | 소개하기<br>학교생활<br>운동회<br>주말 이야기<br>건강 검사 | 여름방학을 시작하며<br>가족 여행<br>할머니 댁에 왔어요<br>시골 생활 | 캠핑<br>밴드부<br>문화 체험 |
| 글마중 | 글마중에 실려 있는 본문은 3~5문장의 짧은 글로 제시하였습니다. 한 문장의 짜임은 2~5어절로 되어 있습니다. 본문의 내용을 이해하기 쉽게 그림을 함께 넣었습니다. 생활문, 편지나 일기, 동시나 노랫말, 광고나 안내문 등 주변에서 접할 수 있는 짧은 글을 다양하게 구성하였습니다. | | | |
| 신나는 글 읽기 | 본문과 관련된 미술, 동작, 음률 활동이 제시되어 있습니다. 글의 주요 내용을 그림에서 찾거나 주제와 관련해 실생활에 응용하는 활동도 포함되어 있습니다. | | | |
| 이야기 돋보기 | 글마중의 본문을 1문장씩 나눠 '누가, 무엇, 어디'에 관한 질문에 답하도록 문제를 제시했습니다. 의문사와 답에 색으로 단서를 제공하여 문장 구조에 따라 내용을 쉽게 이해할 수 있도록 하였습니다. 2개의 보기 중 하나를 고르게 하거나 그림을 단서로 답을 쓰는 형태로 구성하였습니다. | | | |
| 낱말 창고 | 본문에 나오는 기본 어휘의 뜻을 익히거나 낱말 쓰기 활동을 제시하였습니다. 주로 이름씨(명사), 움직씨(동사), 흉내 내는 말 등을 다루고 있습니다. | | | |
| 뽐내기 | 주제에 관련된 그림 그리기, 만들기 활동 등 다양한 표현 활동을 제시했으며 단어를 써넣어 문장을 완성하거나 1문장으로 표현하기를 목표로 했습니다. | | | |
| 우리말 약속 | 닿소리와 홀소리의 이름과 획순 익히기, 낱자가 들어가는 단어 익히기, 첫소리와 가운뎃소리와 끝소리를 조합하여 글자를 만드는 활동으로 구성하였습니다. | | | |

# 꼭지별 내용 체계

## 3권 와! 신나는 방학이다

| 주제 | 글마중 | 신나는 글 읽기 | 이야기 돋보기 | 낱말 창고 | 뽐내기 | 우리말 약속 |
|---|---|---|---|---|---|---|
| **여름방학을 시작하며** | 여름방학 안내문 | | 1문장씩 안내문 읽고 내용 파악하기 | 여름방학, 개학, 방학 숙제 | | -'ㅅ'쓰기<br><br>-'ㅅ'이 들어가는 낱말 익히기<br><br>-첫소리, 가운뎃소리, 끝소리 조합해 'ㅅ'이 들어가는 낱자 만들기<br><br>-'ㅅ'이 끝소리로 쓰이는 낱말 읽고 쓰기 |
| | 여름방학 계획표 | 방학때 계획한 일 찾기 | 달력 계획표를 보고 날짜와 하는 일 알기 | 미술관, 극장, 박물관, 도서관, 체육관 | | |
| | 엄마의 쪽지 | 쪽지 보고 가져갈 물건 챙기기 | 쪽지를 읽고 주요 내용 파악하기 | 칫솔, 엽서, 바지, 티셔츠, 일기장 | 여행 가방 챙기기 | |
| | 아빠의 문자메시지 | | 문자메시지를 읽고 주요 내용 파악하기 | 기차, 비행기, 배, 버스, 택시 | -장소에 맞게 탈것 붙이기<br>-아빠에게 보낼 문자메시지 작성하기 | |
| **가족여행** | 기차표 | | 기차표를 보고 주요 내용 파악하기 | | | -'ㅇ'쓰기<br><br>-'ㅇ'이 들어가는 낱말 익히기<br><br>-첫소리, 가운뎃소리, 끝소리를 조합해 'ㅇ'이 들어가는 낱자 만들기<br><br>-'ㅇ'이 끝소리로 쓰이는 낱말 읽고 쓰기 |
| | 도시락 차림표 | 가족이 고른 메뉴 알기 | 한 문장씩 읽고 누가, 무엇에 답하기 | | 먹고 싶은 도시락 꾸미기 | |
| | 기차를 타고 | -빈칸에 알맞은 낱말 넣기<br>-노래 불러 보기 | 한 문장씩 노랫말을 읽고 질문에 답하기 | | 기차 꾸미고 문장 완성하기 | |
| | 재민이의 일기 | | 한 문장씩 일기 읽고 질문에 답하기 | | 그림 일기 쓰기 | |

| 주제 | 글마중 | 신나는 글 읽기 | 이야기 돋보기 | 낱말 창고 | 뽐내기 | 우리말 약속 |
|---|---|---|---|---|---|---|
| 할머니 댁에 왔어요 | 할머니의 쪽지 | 쪽지에 쓰인 간식 찾기 | 쪽지의 주요 내용 알기 | 제철 음식 (옥수수, 감자, 복숭아, 수박, 참외, 포도) | | -'ㅈ'쓰기<br><br>-'ㅈ'이 들어가는 낱말 익히기<br><br>-초성, 중성, 종성을 조합해 'ㅈ'이 들어가는 낱자 만들기<br><br>-'ㅈ'이 끝소리로 쓰이는 낱말 읽고 쓰기 |
| | 옥수수를 맛있게 삶는 방법 | | 한 문장씩 설명서 읽고 내용 파악하기 | 양념(고추장, 소금, 설탕, 식초)과 맛 | | |
| | 있다 | 동시에 나온 땅속과 내 마음에 있는 것 찾기 | 동시의 주요 내용 파악하기 | | 동시 바꿔 쓰기 | |
| | 모기 | 손동작하며 동시 읽기, 모기에 물리지 않으려면? | | 곤충(잠자리, 반딧불이, 무당벌레, 모기, 매미, 메뚜기) | -모기 물린 곳에 밴드 붙이기<br>-곤충 색칠하고 이름 쓰기 | |
| | 방학 | -방학 노래 부르기<br>-노래와 어울리는 장소 찾기 | | | 노래 가사 바꾸기 | |
| 시골 생활 | 유진이의 일기 | | 일기 글을 읽고 질문에 답하기 | | 색칠하고 문장 완성하기 | -'ㅊ'쓰기<br><br>-'ㅊ'이 들어가는 낱말 익히기<br><br>-첫소리, 가운뎃소리, 끝소리를 조합해 'ㅊ'이 들어가는 낱자 만들기<br><br>-'ㅊ'이 끝소리로 쓰이는 낱말 읽고 쓰기 |
| | 선생님께 쓴 편지 | | 편지글 읽고 질문에 답하기 | | 손톱 꾸미고 문장 완성하기 | |
| | 닭 모이 주기 | 글마중에 어울리는 그림 찾기 | 일기를 읽고 누가 무엇, 어떤 것의 질문에 답하기 | 가축의 이름과 얻을 수 있는 것 (소, 양, 돼지, 닭) | 애완동물 그리고 문장 완성하기 | |
| | 봉숭아 물 예쁘게 들이기 | 글의 순서에 맞는 그림 찾기 | 한 문장을 읽고 무엇, 어디의 질문에 답하기 | | | |
| | 할머니께 보내는 문자메시지 | | 문자메시지를 읽고 질문에 답하기 | | | |

# 좀 더 활용해 보세요

 **3권 와! 신나는 방학이다**

방학이 되면 아이들은 가족과 함께 쉬며 추억거리를 만듭니다. 방학은 아이들에게 이야깃거리가 많아지는 즐겁고 재미있는 소재입니다.

이 책에는 방학과 관련된 다양하고 재미있는 글이 제시되어 있습니다. 시골에 갔던 일, 기차 여행, 할머니 댁, 문화 체험, 여름에 있었던 일 등 흐뭇한 추억에 관한 글입니다.

초기 읽기 단계의 아이들이 읽고 내용을 파악하도록 다양한 종류의 짧은 글을 실었습니다. 일기, 편지, 일지 등의 생활문과 즐겨 부르고 외울 수 있는 동시, 노랫말과 같은 문학 작품 그리고 안내문, 문자메시지, 쪽지, 설명서, 메뉴 등 주변에서 흔히 접할 수 있는 실용문이 있습니다. 재미있게 활용할 수 있는 다양한 활동도 함께 제시하였습니다.

아래에는 방학, 시골, 여행 등과 관련된 주제로 수업할 때 교재에 덧붙여 추가로 활용할 수 있는 활동을 정리해 보았습니다.

| 활동 영역 | 관련 활동 |
|---|---|
| 너도나도 이야기해요 | 😊 쪽지 따르기<br>- 쪽지를 읽거나 듣고 쪽지의 지시대로 행동하게 한다.<br>- 준비물을 적은 쪽지, 할 일을 적은 쪽지, 보물찾기 단서 쪽지, 따라야 할 행동 쪽지, 전달해야 하는 말이 적힌 쪽지 등을 활용해 보자.<br><br>😊 쪽지 남기기<br>- 이야기를 듣고 중요한 내용을 쪽지에 쓰게 한다.<br>- 준비물 말한 것 적기, 전화로 들은 내용 쓰기, 쇼핑 목록 쓰기 등<br><br>😊 그곳에 가면<br>- 방학 때 갔었던 장소나 가 보고 싶은 곳에 대해 이야기를 나눈다. 바다, 시골, 산, 박물관, 슈퍼마켓 등의 장소가 나오면 그곳에서 볼 수 있는 것에 대해 자유롭게 말하도록 기회를 준다.<br>- 술래가 그중 한 장소를 말하면 다른 친구들은 그곳에 가면 볼 수 있는 것을 말하고 오는 게임을 한다. 벽에서 열 걸음 떨어진 곳에 의자 두 개를 놓고 출발해서 벽을 향해 뛰어가 그 장소에서 볼 수 있는 것을 다루거나 흉내 내는 행동을 하며 큰 소리로 무엇인지 말하고 돌아온다. 예를 들면, 슈퍼마켓을 정했다면 의자는 쇼핑카트가 되고 슈퍼마켓의 물건을 집는 흉내를 내며 물건 이름을 말한다. 시골을 장소로 정했다면 의자는 기차가 되고 시골에서 만난 닭 흉내를 내거나 소에게 먹이를 주는 흉내를 내고 이름을 말한다. 사물의 이름을 말하지 못하면 술래가 된다. |

| 활동 영역 | 관련 활동 |
|---|---|
| 같이 읽어요 |  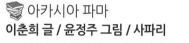🔖 아카시아 파마<br>**이춘희 글 / 윤정주 그림 / 사파리**<br>여름날 아카시아로 파마를 말고 놀았던 옛 아이들의 이야기.<br><br>🔖 붉은 배새매랑 나무탔지<br>**곽미현 글 / 윤봉선 그림 / 웅진주니어**<br>더운 여름날 시골에서 노는 아이들의 모습이 그려진 그림책.<br><br>🔖 우리집에 놀러오세요<br>**오진희 글 / 김흥모 그림 / 웃는 돌고래**<br>시골 이모네 집에 놀러 와 실컷 노는 아이들의 모습이 담긴<br>이야기.<br><br>🔖 후와 하나와 소<br>**이와무라 카즈오 글 · 그림 / 북뱅크**<br>소를 처음 만난 토끼 오누이의 이야기.<br><br>🔖 심심해서 그랬어<br>**윤구병 글 / 이태수 그림 / 보리**<br>한여름 시골 풍경이 세밀화로 그려진 이야기.<br><br>🔖 다 콩이야<br>**도토리 글 / 정지윤 그림 / 보리**<br>콩 할머니와 콩밭 쥐가 들려주는 재미나고 구수한 콩 이야기.<br><br>🔖 여름휴가를 떠나요<br>**가로쿠공방 글 · 그림 / 꿈소담이**<br>와글와글 꼬꼬맘의 원작 그림책.<br>병아리들이 시골 할아버지 댁에 놀러 간 이야기.<br><br>🔖 농장 나들이 가자<br>**프란체스카 페리 글 · 그림 / 비룡소**<br>붙였다 떼었다 놀면서 농장에서 나는 것을 배우는 헝겊 책. |

| 활동 영역 | 관련 활동 |
|---|---|
| 마음대로<br>나타내요 | 😀 사진 일기 쓰기<br>방학에 있었던 일이나 주말에 있었던 일 등 경험한 일을 말할 때 사진을 활용하면 좋다. 경험한 일이 드러난 사진을 보여 주며 친구들에게 소개해 보고, 일기장에 붙여 사진 일기를 쓴다. 사진에 덧붙여 그림을 그려도 좋다.<br><br>😀 사진 넣어 문자메시지 보내기<br>휴대폰이 아이들에게까지 일반화되면서 휴대폰 문자메시지 읽기 및 쓰기 활동도 가르쳐야 할 필요가 생겼다. 이 책에는 문자메시지를 읽고 내용 파악하기 활동이 실려 있다. 실제 휴대폰을 읽고 내용을 파악하게 해 보자. 문자메시지 보내기를 할 때 자모음을 순서대로 조합할 수 있어야 하는데 자모음을 결합하여 글자 만들기도 1권 우리말 약속에서 배웠으니 연습을 해 봐도 좋을 듯하다. 사진을 넣는 방법도 포함하여 가르쳐서 실생활에 활용해 보게 하자.<br><br>😀 방학 사전 만들기<br>방학에 본 것, 새롭게 배운 말, 만난 사람, 먹은 것, 한 일 등을 그림이나 사진으로 붙이고 설명하는 말을 써서 사전으로 만든다. 사전 크기의 수첩 등을 이용하면 좋다. 예) 이모: 엄마의 여동생. 이모가 아이스크림을 사 왔다. |
| 함께<br>놀아요 | 😀 전래 놀이: 닭 잡기 놀이<br>여우와 닭 역할을 정한다. 나머지 사람들은 동그랗게 앉아 닭장 울타리를 만든다. 닭은 안에서 여우는 밖에서 서로 말을 주고받는다. 닭은 어떻게든 알을 빼앗기지 않기 위해 핑계를 마음대로 댄다. 놀이를 시작하기 전 긴장감을 느끼며 말놀이를 주고받는 재미를 느끼는 것이 이 놀이의 묘미다.<br><br>여우: 닭아! 계란 한 개 주라.<br>닭: 여우야! 허물어진 울타리를 일으켜 세워 주면 주지.<br>여우: 그럼 일으켜 주지. (아이들을 하나씩 일으켜 준다) 자, 계란을 다오.<br>닭: 냄새 나는데?<br>여우: 냄새 나도 상관없어.<br>닭: 비린내가 많이 나는데?<br>여우: 비린내가 나도 줘.<br>닭: 쓰다고.<br>여우: 써도 먹을 수 있어.<br>닭: 근데 오늘은 없어.<br>여우: 뭐야? 그럼 너라도 잡아먹어야겠다.<br><br>문답이 끝나면 여우는 닭을 잡으러 쫓아다니고 울타리들은 잡은 손을 내리거나 올려서 닭을 도망시킨다. 여우가 닭을 잡으면 술래가 바뀐다. |

| 활동 영역 | 관련 활동 |
|---|---|
| | 😎 자연 놀이: 봉숭아 물들이기, 아카시아 파마, 아카시아 잎 따기<br>- '봉숭아 물들이기 설명서'를 읽고 물들이기.<br>- '아카시아 파마' 책을 읽고 아카시아 파마 해 보기.<br><br>😎 연극놀이: 버스 운전사가 되어 보자<br> 아이들과 방학에 버스나 기차를 타고 여행 간 경험을 이야기한다. 내가 탔던 교통기관을 그림으로 그려 본다. 버스나 기차 여행을 함께해 보자고 제안하고 어떻게 장소를 꾸밀 건지, 누가 운전을 할 건지, 어디에서 탈건지 등에 관해 의논하고 여행 놀이를 한다. 버스 좌석처럼 의자를 놓거나 지하철 좌석처럼 놓는다. 운전할 때 운전사가 트는 방향으로 몸을 함께 움직이거나 급정거할 때의 몸짓 등을 함께 하며 즐긴다. 안내 방송을 하거나 내릴 때 운전사에게 내리겠다고 말하는 등 자연스럽게 역할 놀이를 즐긴다. 기차표를 만들어 주고받아도 좋다.<br><br>😎 노래 부르기: 방학<br>- 김용택이 쓰고 백창우가 만든 노래 '우리반 여름이'에 실린 노래.<br>- 노래 가사 바꾸기를 해서 불러도 재미있다.<br><br>😎 과학 활동: 달팽이 키우기<br> 비가 오는 날 돌아다니는 달팽이를 몇 마리 잡아다가 플라스틱 통에 배양토를 깔고 넣어 준다. 스프레이로 자주 물을 뿌려 주고 상추나 배추 같은 채소를 넣어 준다. 채소 색에 따라 다른 색깔 똥을 싸는 달팽이를 관찰하자. 목욕을 시킬 땐 미지근한 물에 꺼내 풀어 놓으면 몸을 쭉 빼고 물을 즐긴다.<br><br>😎 미술 활동: 여름에 보이는 벌레 관찰하고 만들기<br>- 거미 만들기: 종이 계란판의 볼록한 모양 하나를 잘라 노랑과 검은색 모루를 꼬아 다리를 붙인다. 배 부분에 빨대를 붙이고 실을 접어 넣으면 완성. 실을 잡아당기면 거미가 따라 올라가서 장난감으로 갖고 놀 수 있다.<br>- 병뚜껑을 꾸며 무당벌레 만들기, 말린 고추에 눈과 날개를 달아 잠자리 만들기, 뿅뿅이를 실에 꿰어 애벌레 만들기 등.<br><br>😎 요리 활동: 여름 과일로 화채 만들기<br> 제철 과일에 대해 배울 때 여름 과일을 하나씩 가져와 화채를 만들어 먹어 보자. 과일 이름도 배우고, 과일을 자르면서 속도 관찰하고 맛도 표현하면서 만들어 보면 여름을 듬뿍 느낄 수 있다. |
| 함께<br>놀아요 | |

선생님이 만든 좔좔 글읽기

**3권**

# 와! 신나는 방학이다

# 와! 신나는 방학이다

## 2장
### 가족 여행

**3장**

할머니 댁에
왔어요

**4장**

# 시골 생활

# 여름방학 안내문

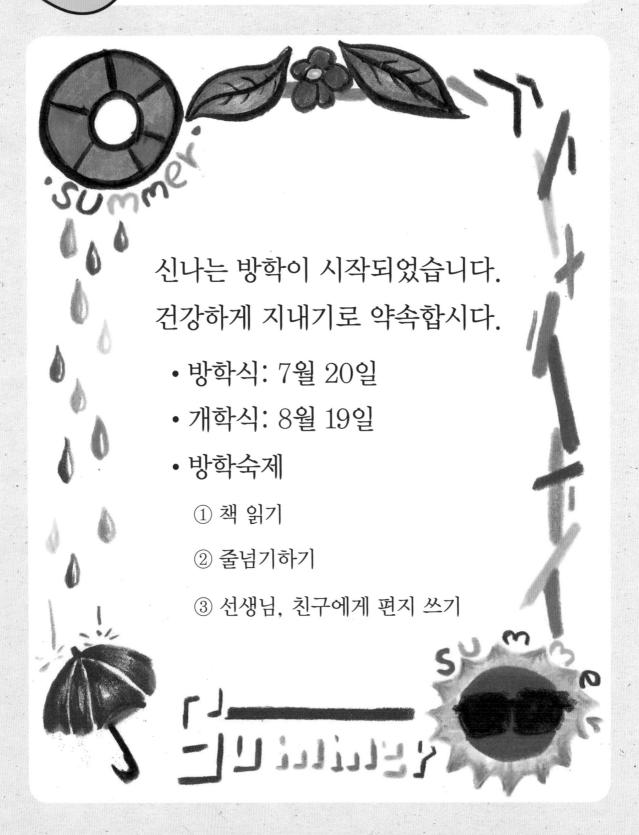

신나는 방학이 시작되었습니다.
건강하게 지내기로 약속합시다.

- 방학식: 7월 20일
- 개학식: 8월 19일
- 방학숙제
  ① 책 읽기
  ② 줄넘기하기
  ③ 선생님, 친구에게 편지 쓰기

이야기 돋보기

 **다음 글을 읽고 알맞은 답을 찾아보세요.**

방학식: 7월 20일

1. 방학식은 언제인지 달력에 ○ 하세요.

| 7월 | | | | | | |
|---|---|---|---|---|---|---|
| 일 | 월 | 화 | 수 | 목 | 금 | 토 |
| | | | | 1 | 2 | 3 |
| 4 | 5 | 6 | 7 | 8 | 9 | 10 |
| 11 | 12 | 13 | 14 | 15 | 16 | 17 |
| 18 | 19 | 20 | 21 | 22 | 23 | 24 |
| 25 | 26 | 27 | 28 | 29 | 30 | 31 |

개학식: 8월 19일

2. 개학식은 언제인지 달력에 ○ 하세요.

| 8월 | | | | | | |
|---|---|---|---|---|---|---|
| 일 | 월 | 화 | 수 | 목 | 금 | 토 |
| 1 | 2 | 3 | 4 | 5 | 6 | 7 |
| 8 | 9 | 10 | 11 | 12 | 13 | 14 |
| 15 | 16 | 17 | 18 | 19 | 20 | 21 |
| 22 | 23 | 24 | 25 | 26 | 27 | 28 |
| 29 | 30 | 31 | | | | |

 글마중을 읽고 방학 숙제를 알맞게 연결해 보세요.

줄넘기하기 •

책 읽기 •

편지 쓰기 •

월          일          요일     확인

 **낱말과 뜻을 읽어 보세요.**

| 여름방학 | 날씨가 너무 더울 때 수업을 쉬는 것 |
|---|---|
| 개학 | 방학 이후 다시 수업을 시작하는 것 |
| 방학 숙제 | 방학동안 집에서 하는 숙제 |

 **〈보기〉에서 알맞은 낱말을 골라 문장을 완성하여 보세요.**

| | |
|---|---|
| | ⬚⬚⬚ 에는 가족들과 여행을 하고 싶어. |
| | ⬚⬚ 하면 선생님, 친구들과 반갑게 인사해야지. |
| | 내일이 개학인데 아직 ⬚⬚⬚ 를 못 해서 걱정이야. |

〈보기〉     여름방학          개학          방학 숙제

# 여름방학 계획표

| 7월 | | | | | | |
|---|---|---|---|---|---|---|
| 일 | 월 | 화 | 수 | 목 | 금 | 토 |
| 18 | 19 | 20 방학 | 21 | 22 | 23 | 24 |
| 25 | 26 | 27 | 28 | 29 | 30 | 31 |

| 8월 | | | | | | |
|---|---|---|---|---|---|---|
| 일 | 월 | 화 | 수 | 목 | 금 | 토 |
| 1 | 2 | 3 할 | 4 머 | 5 니 | 6 댁 | 7 |
| 8 | 9 | ⑩ 극장 | 11 | 12 | 13 | 14 |
| 15 | 16 | ⑰ 미술관 | 18 | 19 개학 | 20 | 21 |

**선생님께 한마디** 나의 주간 계획을 달력에 써 보는 활동을 해 보세요. 또는 학교 일정표를 함께 적고 매일 아침에 일정을 스스로 확인하도록 하는 것도 좋습니다.

글마중을 읽고 방학 때 하려는 일을 아래에서 찾아 ○ 하세요.

동물원 가기

할머니 댁 가기

수영장 가기

캠핑 가기

숙제하기

놀이터 가기

극장 가기

미술관 가기

친구네 집 가기

등산 가기

노래방 가기

 **다음 글을 읽고 질문에 알맞은 답을 찾아보세요.**

| 8/1 | 2 | 3 | 4 | 5 | 6 | 7 |
|---|---|---|---|---|---|---|
| | 할머니 댁 | | | | | |

1. 8월 2일~8월 7일에 어디에 가나요? ·············· (        )

　① 박물관　　　　　　　② 할머니 댁

| 8/8 | 9 | ⑩ 극장 | 11 | 12 | 13 | 14 |
|---|---|---|---|---|---|---|

2. 8월 10일에 어디에 갈 계획인가요? ·············· (        )

　① 박물관　　　　　　　② 극장

| 8/15 | 16 | ⑰ 미술관 | 18 | 19 | 20 | 21 |
|---|---|---|---|---|---|---|

3. 8월 17일에 어디에 갈 계획인가요? ·············· (        )

　① 미술관　　　　　　　② 동물원

낱말
창고

 **방학에 다닐 수 있는 여러 장소를 알아보세요.**

| 미술관 | 극장 | 박물관 | 도서관 | 체육관 |
|---|---|---|---|---|
| | | | | |
| 미술품을 전시하는 곳 | 연극, 무용, 영화를 보는 곳 | 옛날부터 전해 내려오는 물건을 보는 곳 | 책을 보거나 빌리는 곳 | 실내에서 여러가지 운동을 하는 곳 |

 **어디에서 할 수 있는 일인가요? 문장을 읽고 위에서 알맞은 낱말을 골라 써 보세요.**

| | | |
|---|---|---|
| | 그림 전시회를 볼 수 있습니다. | |
| | 책을 읽거나 빌릴 수 있습니다. | |
| | 옛날 사람들이 사용하던 물건을 볼 수 있습니다. | |
| | 영화, 공연, 음악회를 볼 수 있습니다. | |
| | 실내에서 여러 가지 운동을 할 수 있습니다. | |

# 엄마의 쪽지

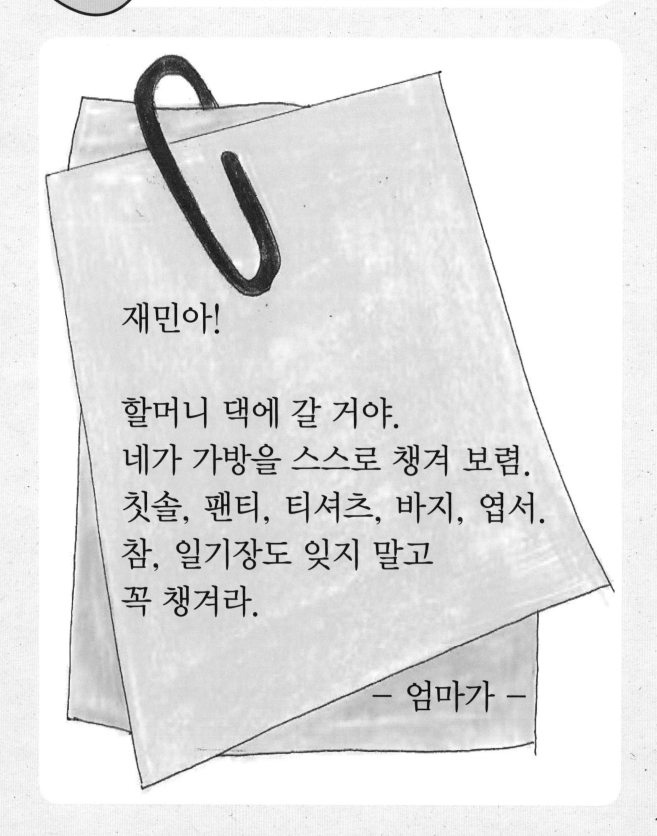

재민아!

할머니 댁에 갈 거야.
네가 가방을 스스로 챙겨 보렴.
칫솔, 팬티, 티셔츠, 바지, 엽서.
참, 일기장도 잊지 말고
꼭 챙겨라.

― 엄마가 ―

글마중을 읽고 할머니 댁에 갈 때 가져갈 물건을 골라 붙임자료 를 붙여 보세요.

* 붙임자료는 109쪽에 있습니다.

**다음 글을 읽고 알맞은 답을 찾아봅시다.**

재민아!
– – – – – – – – – – – – –        – 엄마가 –

1. 누가 쓴 쪽지인가요? ⋯⋯⋯⋯⋯⋯⋯⋯⋯⋯⋯⋯⋯⋯ (        )

   ① 엄마                        ② 이모


할머니 댁에 갈 거야.

2. 어디에 가려고 하나요? ⋯⋯⋯⋯⋯⋯⋯⋯⋯⋯⋯⋯⋯ (        )

   ① 할머니 댁                    ② 수영장


칫솔, 팬티, 티셔츠, 바지, 엽서.
참, 일기장도 잊지 말고 챙겨라.

3. 무엇을 챙겨야 하는지 아래에서 찾아 ○ 하세요.

| | | |
|---|---|---|
| 수건 | 양말 | 일기장 |
| 칫솔 | 화장품 | |
| | 바지 | 엽서 |
| 휴대전화 | 치마 | |
| 수영복 | | |
| 팬티 | 티셔츠 | 음료수 |

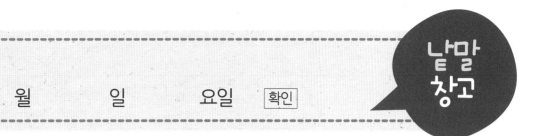

월　　　일　　　요일　[확인]

 할머니 댁에 가져갈 물건의 이름을 덧쓰고 그림과 연결하여
보세요.

| 칫솔 | • | • |  |
| 엽서 | • | • | |
| 바지 | • | • | |
| 티셔츠 | • | • |  |
| 일기장 | • | • |  |

 내가 할머니 댁에 갈 때 가져가고 싶은 물건을 신문이나 잡지에서
오려 붙여 보세요.

색연필

# 아빠의 문자메시지

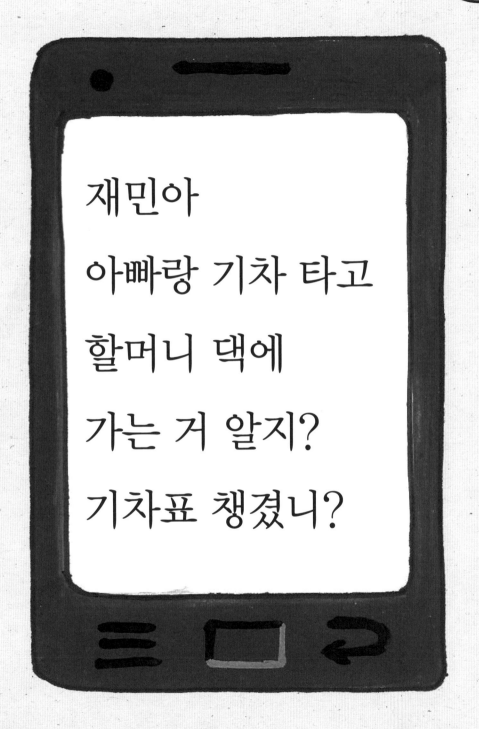

재민아

아빠랑 기차 타고

할머니 댁에

가는 거 알지?

기차표 챙겼니?

**선생님께 한마디** 휴대폰 사용이 일반화되어서 어린아이들도 휴대폰 문자메시지를 통해 정보를 얻거나 친한 사람과 대화를 주고받습니다. 아이들과 문자메시지 주고받기 놀이를 해 보세요. 받은 문자메시지를 읽고 누구에게 왔는지, 무슨 내용인지를 아는 것도 중요합니다.

**다음 글을 읽고 알맞은 답을 찾아보세요.**

아빠랑 할머니 댁에 기차 타고 가는 거 알지?

1. 누가 보낸 문자메시지일까요? ································ (     )

   ① 할아버지                    ② 아빠

2. 어디에 가나요? ····························· (     )

   ① 해수욕장                    ② 할머니 댁

3. 할머니 댁에 무엇을 타고 가나요? ················ (     )

   ① 비행기                      ② 기차

기차표 챙겼니?

4. 기차를 탈 때 무엇을 잘 챙겨야 하나요? ··········· (     )

   ① 영화표                      ② 기차표

          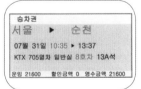

 여러 가지 탈것의 이름을 읽고 써 보세요.

| 기차 | 기차 | |
| 비행기 | 비행기 | |
| 배 | 배 | |
| 버스 | 버스 | |
| 택시 | 택시 | |

 다음 문장을 읽고 알맞은 탈것을 골라 써 보세요.

| | | |
|---|---|---|
| [    ] 가 칙칙폭폭, 철길 위를 달려갑니다. | | |
| [  ] 가 출렁출렁, 물 위를 떠갑니다. | | |
| [  ] 에 많은 사람이 타고 갑니다. | | |
| 손을 들어 [    ] 를 잡아요. | | |
| [     ] 가 푸른 하늘 위를 날아갑니다. | | |

 여러 가지 탈것을 장소에 어울리게 [붙임자료]를 붙여 보세요.

\* 붙임자료는 109쪽에 있습니다.

| 비행기 | 택시 | 버스 | 배 | 기차 |

**아빠에게 보낼 문자메시지를 <보기>에서 골라 써 보세요.**

재민아
아빠랑 기차 타고
할머니 댁에
가는 거 알지?
기차표 챙겼니?

<보기>    ① 아빠, 사랑해요.    ② 네, 기차표 챙겼어요.

 순서에 주의하며 닿소리를 읽고 써 보세요.

 시옷

 큰 소리로 읽으면서 바르게 써 보세요.

| ㅏ | ㅑ | ㅓ | ㅕ | ㅗ | ㅛ | ㅜ | ㅠ | ㅡ | ㅣ |
|---|---|---|---|---|---|---|---|---|---|
| 사 | 샤 | 서 | 셔 | 소 | 쇼 | 수 | 슈 | 스 | 시 |
| 앗 | 얏 | 엇 | 엿 | 옷 | 욧 | 웃 | 윳 | 읏 | 잇 |

 'ㅅ'이 들어가 있는 낱말에 ○ 하세요.

| 감자 | 사과 | 옥수수 |
| 호박 | 버섯 | 당근 |

낱말을 읽고 써 보세요.

| 사 | 과 |
|---|---|
|   |   |

| 버 | 섯 |
|---|---|
|   |   |

| 방 | 긋 | 방 | 긋 |
|---|---|---|---|
|   |   |   |   |

 낱자들을 더해서 써 보세요.

| 첫소리 | + | 가운뎃소리 | + | 끝소리 | = | 글자 |
|---|---|---|---|---|---|---|
| ㅅ | + | ㅗ | + |  | = | 소  |
| ㅅ | + | ㅏ | + | ㅁ | = | 삼 3 |
| ㅅ | + | ㅜ | + | ㅊ | = | 숯  |
| ㅅ | + | ㅣ | + | ㄹ | = | 실  |

'ㅅ'이 끝소리로 쓰이는 낱말을 읽고 써 보세요.

| 칫 | 솔 |
|---|---|
| ㅊ ㅣ ㅅ | ㅅ ㅗ ㄹ |
| 칫 | 솔 |
| | |

| 거 | 짓 | 말 |
|---|---|---|
| ㄱ ㅓ | ㅈ ㅣ ㅅ | ㅁ ㅏ ㄹ |
| 거 | 짓 | 말 |
| | | |

| 손 | 을 | 씻 | 어 | 요 |
|---|---|---|---|---|
| ㅅ ㅗ ㄴ | ㅇ ㅡ ㄹ | ㅆ ㅣ ㅅ | ㅇ ㅓ | ㅇ ㅛ |
| 손 | 을 | 씻 | 어 | 요 |
| | | | | |

# 기차표

글마중

아빠랑 서울역에서 기차를 탔어요.
할머니 댁은 순천이에요.

승차권

## 서울 ▶ 순천

07월 31일  10:35 ▶ 13:37

KTX  705열차  일반실  8호차  13A석

운임 21,600    할인금액 0    영수금액 21,600

**다음 글을 읽고 알맞은 답을 골라 보세요.**

서울 → 순천

1. 기차를 어디에서 타나요? ............................................ (          )
   ① 서울                        ② 대구

서울 → 순천

2. 기차를 타고 어디에 가나요? ........................................ (          )
   ① 순천                        ② 대구

KTX  705  열차  일반실  8호차  13A석

3. 몇 호차를 타야 하나요? ............................................. (          )
   ① 2호차                        ② 8호차

7월 31일  10:35 ▶ 13:37

4. 이 기차는 몇 시에 출발하나요? .................................... (          )
   ① 10시 35분                    ② 9시 20분

# 도시락 차림표

**떡갈비**
**10,000원**

**제육볶음**
**7,500원**

**주먹밥 세트**
**5,000원**

우리 가족은 기차에서
도시락을 먹기로 했어요.

역무원: 무엇을 드릴까요?

아빠: 떡갈비 주세요.

엄마: 저는 제육볶음이요.

나: 주먹밥 세트 먹을래요.

＊도시락 사진 출처: 코레일 홈페이지 ＊

 우리 가족이 고른 메뉴를 알맞게 연결해 보세요.

 아빠     •

주먹밥 세트
5,000원

 나     •

제육볶음
7,500원

 엄마     •

떡갈비
10,000원

월      일      요일      확인

 **다음 글을 읽고 알맞은 답을 골라 보세요.**

도시락 차림표

1. 무엇을 고르는 것인가요? ················· (          )
   ① 음료수              ② 도시락

   아빠: 떡갈비 주세요.

2. 아빠는 무엇을 골랐나요? ················· (          )
   ① 떡갈비              ② 비빔밥

3. 떡갈비를 고른 사람은 누구인가요? ······· (          )
   ① 삼촌              ② 아빠

   엄마: 저는 제육볶음이요.

4. 엄마는 무엇을 골랐나요? ················· (          )
   ① 떡만두국              ② 제육볶음

5. 제육볶음을 고른 사람은 누구인가요? ····· (          )
   ① 엄마              ② 할머니

   나: 주먹밥 세트 먹을래요.

6. 나는 무엇을 골랐나요? ················· (          )
   ① 돈까스              ② 주먹밥 세트

내가 먹고 싶은 도시락의 이름을 쓰고 그림으로 그리세요.

# 기차를 타고

김옥순 작사, 김태호 작곡

 기차 타고 신나게 달려가 보자.

높은  산도 지나고,

넓은 들도 지나고,

푸른  산을 지날 땐 산새를 찾고,

넓은  바다 지날 땐 물새와 놀고,

설레임을 가득 안고 달려가 보자.

새로운 세상이 자꾸자꾸 열린다.

**선생님께 한마디** 초기 읽기 단계의 아이들에게는 즐겨 부르는 노랫말을 이용해 글 읽기를 가르치는 것도 좋은 방법 중 하나입니다. 노래를 여러 번 반복해 부르며 익숙해지도록 해 주세요.

글마중을 읽고 빈칸에 알맞은 낱말을 써 보세요.

# 기차를 타고

김옥순 작사, 김태호 작곡

 타고 신나게 달려가 보자.

높은  도 지나고,

넓은 들도 지나고,

푸른  을 지날 땐 산새를 찾고,

넓은  지날 땐 물새와 놀고,

설레임을 가득 안고 달려가 보자.

새로운 세상이 자꾸자꾸 열린다.

**글마중을 읽고 노래를 불러 보세요.**

① 기차를 타고 여행하는 모습을 상상하며 즐겁게 읽어 보세요.
② '기차를 타고' 노래를 잘 들어 보세요.
③ '기차를 타고' 노래를 즐겁게 불러 보세요.

 **이 노래와 어울리는 '탈것'은 무엇인지 ○ 하세요.**

**다음 글을 읽고 알맞은 답을 찾아보세요.**

기차 타고 신나게 달려가 보자.

1. 무엇을 타고 신나게 달려가나요? ⋯⋯⋯⋯⋯⋯⋯⋯ (　　　　)

① 버스

② 기차

높은 산도 지나고 넓은 들도 지나고

2. 어디를 지나가나요? 모두 고르세요. ⋯⋯⋯⋯⋯ (　　　),(　　　)

① 높은 산

② 넓은 들

③ 깊은 바다

푸른 산을 지날 땐 산새를 찾고

3. 푸른 산을 지날 땐 무엇을 찾나요? ⋯⋯⋯⋯⋯⋯ (　　　　)

① 벌레

② 산새

 기차를 색칠하고 문장을 완성해 보세요.

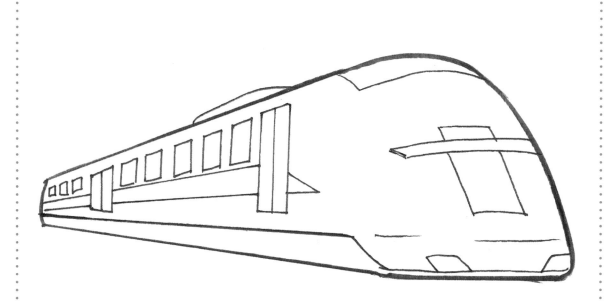

[       ] 타고

[          ] 달려가 보자.

# 재민이의 일기

7월 30일  월요일  날씨: 비

제목: 할머니 댁

엄마, 아빠와 할머니 댁에 왔다.

기차를 타고 왔다.

할아버지, 할머니를 만나서 좋다.

재미있게 놀아야지.

**다음 글을 읽고 알맞은 답을 골라 보세요.**

### 재민이의 일기

1. 누구의 일기인가요? ·····································　(　　　)
   ① 재민　　　　　　　　　② 선생님

### 7월 30일 월요일 날씨: 비

2. 몇 월 며칠에 쓴 일기인가요? ·······················　(　　　)
   ① 8월 15일　　　　　　　② 7월 30일

3. 오늘은 무슨 요일인가요? ····························　(　　　)
   ① 토요일　　　　　　　　② 월요일

4. 오늘 날씨는 어땠나요? ······························　(　　　)
   ① 비가 왔다.　　　　　　② 눈이 왔다.

### 엄마, 아빠와 할머니 댁에 왔다.

5. 나는 누구와 할머니 댁에 왔나요? ·················　(　　　)
   ① 엄마, 아빠　　　　　　② 선생님

6. 나는 엄마, 아빠와 어디에 왔나요? ···············　(　　　)
   ① 학교　　　　　　　　　② 할머니 댁

**다음 글을 읽고 알맞은 답을 골라 보세요.**

기차를 타고 왔다.

1. 무엇을 타고 왔나요? ·········································· (    )

   ① 기차                    ② 비행기

할아버지, 할머니를 만나서 좋다.

2. 누구를 만나서 좋은가요? ····································· (    )

   ① 할아버지, 할머니            ② 이모, 삼촌

3. 할아버지, 할머니를 만난 재민이의 표정을 골라 보세요.(    )

   ①                    ②

4. 여러분이 할머니 댁에 가면 할머니는 여러분에게 뭐라고 말씀하실
   까요?

   나: 할머니, 할아버지 안녕하세요?

   할머니: _____ .

 할머니, 할아버지 댁이나 친척집에 다녀온 일을 사진이나 그림으로 표현하고 문장을 완성해 써 보세요.

나는 [     ] 댁에서 [     ] 을(를)
[          ] . 참 [          ] .

선생님께 한마디  경험한 일을 충분히 말할 기회를 주세요. 사진을 보거나 그림을 그리며 어디에 갔는지 무엇을 했는지 말한 후에 한 일과 느낌을 적도록 해 주세요.

월      일      요일   확인

 순서에 주의하며 닿소리를 읽고 써 보세요.

| ㅇ 이응 | ○ | ○ | |

 큰 소리로 읽으면서 바르게 써 보세요.

| ㅏ | ㅑ | ㅓ | ㅕ | ㅗ | ㅛ | ㅜ | ㅠ | ㅡ | ㅣ |
|---|---|---|---|---|---|---|---|---|---|
| 아 | 야 | 어 | 여 | 오 | 요 | 우 | 유 | 으 | 이 |
| 앙 | 양 | 엉 | 영 | 옹 | 용 | 웅 | 융 | 응 | 잉 |

 'ㅇ'이 들어가 있는 낱말에 ○ 해 보세요.

| 악어 | 배추 | 오이 |
|---|---|---|
| 땅콩 | 어항 | 금붕어 |

월          일          요일      확인

 낱말을 읽고 써 보세요.

| 우 | 유 |
|---|---|
|   |   |

| 옥 | 수 | 수 |
|---|---|---|
|   |   |   |

| 뚱 | 뚱 | 해 |
|---|---|---|
|   |   |   |

 낱자들을 더해서 써 보세요.

| 첫소리 | + | 가운뎃소리 | + | 끝소리 | = | 글자 |
|---|---|---|---|---|---|---|
| ㅇ | + | ㅣ | + |   | = | 이 |
| ㅇ | + | ㅑ | + | ㄱ | = | 약 |
| ㅇ | + | ㅗ | + | ㅅ | = | 옷 |
| ㅇ | + | ㅏ | + | ㄹ | = | 알 |

 'ㅇ'이 끝소리로 쓰이는 낱말을 읽고 써 보세요.

| 땅 | 콩 |
|---|---|
| ㄸㅏㅇ | ㅋㅗㅇ |
| 땅 | 콩 |
|  |  |

| 항 | 아 | 리 |
|---|---|---|
| ㅎㅏㅇ | ㅇㅏ | ㄹㅣ |
| 항 | 아 | 리 |
|  |  |  |

| 엉 | 금 | 엉 | 금 |
|---|---|---|---|
| ㅇㅓㅇ | ㄱㅡㅁ | ㅇㅓㅇ | ㄱㅡㅁ |
| 엉 | 금 | 엉 | 금 |
|  |  |  |  |

유진아,
오이 밭에 다녀올게.
옥수수랑 감자 삶아 놓았다.
언니랑 먹고 있어.

― 할머니가 ―

**선생님께 한마디** 아이들이 쓰기를 처음 배울 때 사랑한다는 쪽지를 써서 사람들에게 주는 것을 좋아합니다. 쪽지는 쓰기로 의사 표현을 할 수 있는 수단이고 쪽지를 쓰려면 전달 내용을 간단하게 정리할 수 있는 능력이 필요합니다. 쪽지를 읽을 땐 중요한 내용이 무엇인지 파악할 수 있어야 실생활에서 어려움이 없습니다. 짧은 글을 읽는 초기 읽기 단계의 아이들에게 쪽지를 활용하여 쓰기를 가르쳐 보세요.

글마중을 보고 할머니가 준비하신 간식만 골라 색칠하고 문장을 채워 써 보세요.

 께서

[        ] 와 [        ] 를

간식으로 주셨다. 참 맛있었다.

**다음 글을 읽고 알맞은 답을 찾아보세요.**

유진아,

－－－－－－－－－－－－－      － 할머니가 －

1. 누가 쓴 메모인가요? ·········································· (        )

  ① 할머니                    ② 엄마

2. 누구에게 쓴 메모인가요? ···································· (        )

  ① 엄마                      ② 유진이

오이 밭에 다녀올게.

3. 할머니는 어디에 가셨나요? ································ (        )

  ① 가지 밭                   ② 오이 밭

**다음 글을 읽고 알맞은 답을 찾아보세요.**

옥수수랑 감자 삶아 놓았다.

1. 할머니가 간식으로 무엇을 준비했나요? ⋯⋯⋯ (        ),(        )

① 감자              ② 옥수수              ③ 김밥

언니랑 먹고 있어.

2. 누구와 간식을 먹을까요? ⋯⋯⋯⋯⋯⋯⋯⋯ (        )

① 언니                      ② 이모

3. 위의 내용과 어울리는 그림을 골라 보세요. ⋯⋯⋯⋯ (        )

①                              ②

월        일        요일    확인

 여름에 먹을 수 있는 여러 가지 제철 음식의 이름을 써 보세요.

| 제철 음식: 계절에 맞는 음식 | | |
|---|---|---|
| 옥수수 | 옥수수 | |
| 감자 | 감자 | |
| 복숭아 | 복숭아 | |
| 수박 | 수박 | |
| 참외 | 참외 | |
| 포도 | 포도 | |

## 글마중 옥수수를 맛있게 삶는 방법

준비물: 옥수수, 냄비, 소금, 설탕

1. 옥수수를 씻어 냄비에 담는다.

2. 옥수수가 잠길 만큼 물을 붓는다.

3. 소금, 설탕을 넣는다.

4. 약한 불로 40분간 삶는다.

**다음 글을 읽고 알맞은 답을 찾아보세요.**

옥수수를 맛있게 삶는 방법

1. 무엇을 맛있게 삶는 방법에 대한 설명인가요? ·············· (     )
   ① 옥수수                    ② 고구마


준비물: 옥수수, 냄비, 소금, 설탕

2. 옥수수를 삶을 때 필요한 준비물을 골라 ○ 하세요.

| 설탕 | 감자 | 고구마 |
|------|------|--------|
| 옥수수 | 소금 | 냄비 |


옥수수를 씻어 냄비에 담는다.

3. 무엇을 씻어 냄비에 담나요? ·················· (     )
   ① 옥수수                    ② 토마토

4. 옥수수를 씻어 어디에 담나요? ·················· (     )
   ① 냄비                     ② 가방

**다음 글을 읽고 알맞은 답을 찾아보세요.**

옥수수가 잠길 만큼 물을 붓는다.

1. 옥수수가 잠길 만큼 무엇을 붓나요? ──────────── (　　　　)

　　① 물　　　　　　　　　　　② 기름

2. 물을 얼마나 넣어야 할까요? ──────────── (　　　　)

　　① 옥수수가 잠길 만큼　　　② 물이 보이지 않을 만큼

소금, 설탕을 넣는다.

3. 무엇을 넣나요? 모두 고르세요. ──────── (　　　),(　　　)

　　① 고추장　　　　　② 소금　　　　　③ 설탕

약한 불로 40분간 삶는다.

4. 약한 불로 얼마나 오래 삶나요? ──────────── (　　　　)

　　① 40분　　　　　　　　　　② 20분

낱말
창고

 **음식의 맛을 돋우는 여러 가지 양념을 알아보세요. 양념 이름을 따라 쓰고 읽어 보세요.**

떡볶이를 만들 때는

매콤한 고추장이 필요하지.

계란 프라이를 하려면

짭짤한 소금을 뿌려야 해.

엄마는 커피에

달콤한 설탕을 넣어서 드셔.

오이에 새콤한

식초를 넣어 무쳐 보자.

양념의 이름과 양념의 맛을 써 보세요.

고추장

• 맵다
• 매콤하다

소금

• 짜다
• 짭짤하다

설탕

• 달다
• 달콤하다

식초

• 시다
• 새콤하다

# 있다

최명란

땅속에는
고구마도 있고
감자도 있고
땅콩도 있다.

내 마음속에는
피자도 있고
라면도 있고
아이스크림도 있다.

글마중을 보고 땅속에 있는 것들을 붙임자료 로 붙이세요.

* 붙임자료는 109쪽에 있습니다.

 고구마     사과     땅콩     거북이     물고기     감자

글마중을 보고 내 머릿속에 있는 것들을  붙임자료 로 붙이세요.

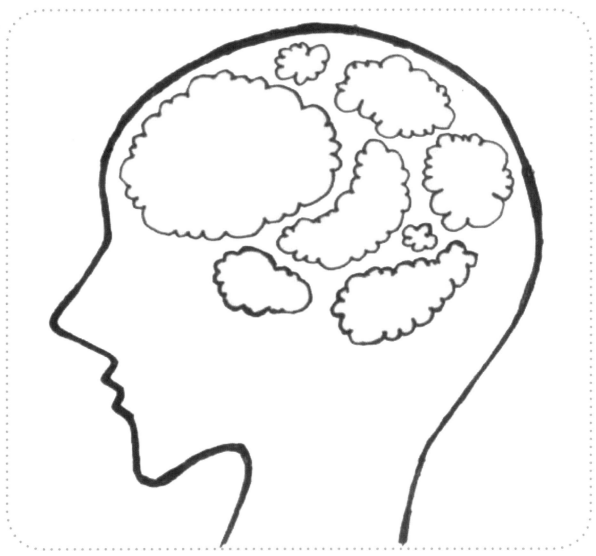

* 붙임자료는 109쪽에 있습니다.

| 라면 | 김밥 | 피자 | 축구공 | 햄버거 | 아이스크림 |

**다음 글을 읽고 알맞은 답을 찾아보세요.**

땅 속에는 고구마도 있고 감자도 있고
땅콩도 있다.

1. 땅 속에는 무엇이 있는지 아래에서 골라 ○ 하세요.

고구마                  딸기

토끼                    사과

땅콩

우유                    감자


내 마음 속에는 피자도 있고 라면도 있고
아이스크림도 있다.

2. 내 마음 속에는 무엇이 있는지 아래에서 골라 ○ 하세요.

곰인형                  라면

피자                    당근

딸기

우유        아이스크림

월       일       요일      확인

 '있다' 동시의 내용을 바꾸어 보세요.

# 있다

이름:

냉장고 속에는

| | 도 있고

| | 도 있고

| | 도 있다.

내 가방 속에는

| | 도 있고

| | 도 있고

| | 도 있다.

# 모기

모기


앵~~~ 날아와

콕! 물면

아~~~ 간지러워

탁!

월          일          요일          [확인]

 **글마중을 읽어 봅시다.**

① '모기' 동시를 큰 소리로 읽어 보세요.

② 동시에 어울리는 손동작을 만들어 보세요.
  (검지를 뱅글뱅글 돌리며 모기가 날아오는 모습 흉내 내기, 나
  또는 친구의 몸을 모기가 물듯이 콕 찌르는 흉내 내기, 손뼉 치
  듯이 모기 잡는 흉내 내기 등)

③ 우리가 만든 손동작과 함께 '모기' 동시를 읽어 보세요.

 **모기는 어떤 사람을 좋아할까요? 모두 골라 보세요.**

땀 냄새 나는
사람

안 씻는 사람

깨끗한 사람

모기에 물리지 않는 방법을 알아보고 생활에서 실천해 보세요.

## 모기에 물리지 않으려면?

깨끗이 씻는다.

향수나 화장품을
바르지 않는다.

모기장 안에서 잠을 잔다.

창문에 방충망을 한다.

낱말
창고

 여름에 볼 수 있는 여러 가지 곤충의 이름과 모습을 알아보고
이름을 써 보세요.

| 잠자리 | | 잠자리 | |
|---|---|---|---|
| 반딧불이 | | 반딧불이 | |
| 무당벌레 | | 무당벌레 | |
| 모기 | | 모기 | |
| 매미 | | 매미 | |
| 메뚜기 | | 메뚜기 | |

 모기에게 물렸습니다. 모기 물린 곳에 **붙임자료**를 활용하여 밴드를 붙여 주세요.

\* 붙임자료는 109쪽에 있습니다.

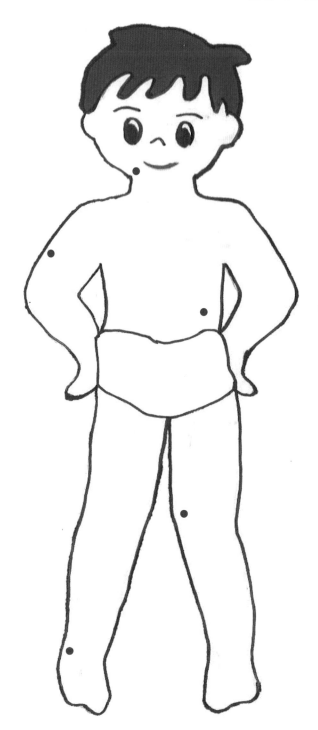

월        일        요일   확인

 여름에 볼 수 있는 곤충을 색칠하고 <보기>에서 골라 이름을 써
보세요.

<보기>    모기, 매미, 메뚜기, 무당벌레, 반딧불이, 잠자리

# 방학

김용택 글, 백창우 곡

학교는 뭘 할까

운동장은 뭘 할까

교실은 뭘 할까

내 책상 내 의자는 지금 뭘 할까

미끄럼틀 철봉은 서서 뭘 할까

선생님은 어디서 뭘 하고 계실까

내 짝은 숙제 다 했을까

학교는 뭘 할까

학교는 뭘 할까

학교는 지금 뭘 할까

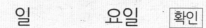
월      일      요일   [확인]

 **글마중을 읽고 노래를 불러 보세요.**

① '방학' 노래를 들어 보세요.
② '방학' 노래에 맞추어 북을 쳐 보세요.
③ '방학' 노래를 불러 보세요.

 **아래의 그림을 보고 어디인지 말해 보세요. 이 노래와 어울리는 장소는 어디인지 찾아서 ○ 하세요.**

'방학' 노래의 가사를 바꾸어 볼까요?

방학

이름: _____

학교는 뭘 할까

운동장은 뭘 할까

교실은 뭘 할까

_____ 은/는 지금 뭘 할까

_____ 은/는 서서 뭘 할까

_____ 은/는 어디서 뭘 하고 계실까

_____ 은/는 숙제 다 했을까

학교는 뭘 할까

학교는 뭘 할까

학교는 지금 뭘 할까

월       일       요일    확인

 순서에 주의하며 닿소리를 읽고 써 보세요.

ㅈ 지읓     ㅈ    ㅈ

 큰 소리로 읽으면서 바르게 써 보세요.

| ㅏ | ㅑ | ㅓ | ㅕ | ㅗ | ㅛ | ㅜ | ㅠ | ㅡ | ㅣ |
|---|---|---|---|---|---|---|---|---|---|
| 자 | 쟈 | 저 | 져 | 조 | 죠 | 주 | 쥬 | 즈 | 지 |
| 앚 | 얒 | 엊 | 옂 | 옺 | 욪 | 웆 | 윷 | 읒 | 잊 |

 'ㅈ'이 들어가 있는 낱말에 ○ 해 보세요.

| 비행기 | 자전거 | 전화기 |
|---|---|---|
| 냉장고 | 선풍기 | 피아노 |

낱말을 읽고 써 보세요.

| 주 | 소 |
|---|---|
|   |   |

| 이 | 삿 | 짐 |
|---|---|---|
|   |   |   |

| 땅 | 을 |
|---|---|
|   |   |

| 짚 | 어 | 라 |
|---|---|---|
|   |   |   |

 낱자들을 더해서 써 보세요.

| 첫소리 | + | 가운뎃소리 | + | 끝소리 | = | 글자 |
|---|---|---|---|---|---|---|

| ㅈ | + | ㅏ | + |   | = | 자 |
| ㅈ | + | ㅣ | + | ㅂ | = | 집 |
| ㅈ | + | ㅜ | + | ㄱ | = | 죽 |
| ㅈ | + | ㅗ | + | ㅇ | = | 종 |

월        일        요일     확인

 'ㅈ'이 끝소리로 쓰이는 낱말을 읽고 써 보세요.

| 젖 | 소 |
|---|---|
| ㅈㅓ ㅈㅅㅗ | |
| 젖 | 소 |
| | |

| 젖 | 병 |
|---|---|
| ㅈㅓ ㅈㅂㅕㅇ | |
| 젖 | 병 |
| | |

| 개 | 가 | 짖 | 어 | 요 |
|---|---|---|---|---|
| ㄱㅐ | ㄱㅏ | ㅈㅣ ㅈㅇㅓ | | ㅇㅛ |
| 개 | 가 | 짖 | 어 | 요 |
| | | | | |

# 유진이의 일기

8월 1일 수요일 날씨: 맑음

제목: 수박밭

할머니와 수박밭에 갔다.

수박이 주렁주렁 열렸다.

수박밭 옆에 나무가 있다.

나무에서 매미가 맴맴 운다.

엄마가 보고 싶은가?

나도 엄마가 보고 싶다.

**다음 글을 보고 알맞은 답을 골라 보세요.**

유진이의 일기

1. 누가 쓴 일기인가요? ·············································· (　　　　)
　　① 유진이　　　　　　　　　② 할머니

8월 1일 수요일 날씨: 맑음

2. 오늘은 무슨 요일인가요? ······································· (　　　　)
　　① 금요일　　　　　　　　　② 수요일

3. 오늘의 날씨는 어떤가요? ······································· (　　　　)
　　① 비옴　　　　　　　　　　② 맑음

할머니와 수박밭에 갔다.

4. 누구와 수박밭에 갔나요? ······································· (　　　　)
　　① 할머니　　　　　　　② 고모

5. 할머니와 어디에 갔나요? ······································· (　　　　)
　　① 공원　　　　　　　　② 수박밭

**다음 글을 읽고 알맞은 답을 찾아보세요.**

수박이 주렁주렁 열렸다.

1. 무엇이 주렁주렁 열렸나요? ─────────────── (        )

① 수박                    ② 옥수수

2. 수박이 어떻게 열렸나요? ─────────────── (        )

① 주룩주룩                ② 주렁주렁

수박밭 옆에 나무가 있다.

3. 수박밭 옆에 무엇이 있나요? ─────────────── (        )

① 나무                    ② 책상

4. 나무는 어디에 있나요? ─────────────── (        )

① 수박밭 옆              ② 우리 집 마당

**다음 글을 읽고 알맞은 답을 찾아보세요.**

나무에서 매미가 맴맴 운다.

1. 나무에서 무엇이 맴맴 우나요? ·························· (      )

   ① 매미                    ② 악어

2. 어디에서 매미가 맴맴 우나요? ·························· (      )

   ① 나무                    ② 항아리

나도 엄마가 보고 싶다.

3. 나는 누가 보고 싶은가요? ·························· (      )

   ① 엄마                    ② 친구

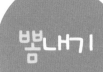
 '매미'와 '수박'을 색칠하고 빈칸을 채워 써 보세요.

나무에서 ☐☐ 가 ☐☐ 운다.

수박밭에 ☐☐ 이 ☐☐☐ 열렸다.

## 선생님께 쓴 편지

선생님께

선생님 안녕하세요?
저는 할머니 댁에 놀러 왔어요.


할머니랑 손톱에
봉숭아물을 들였어요.
개학하면 손톱 보여 드릴게요.
안녕히 계세요.

8월 13일
유진 올림

**다음 글을 보고 알맞은 답을 찾아보세요.**

선생님께

———————————      유진 올림

1. 누구에게 쓴 편지인가요? ·································· (      )

   ① 선생님께              ② 아빠께

2. 누가 쓴 편지인가요? ································· (      )

   ① 유진                 ② 할머니

   저는 할머니 댁에 놀러 왔어요.

3. 나는 어디에 놀러갔나요? ·························· (      )

   ① 할머니 댁            ② 학교

   할머니랑 손톱에 봉숭아물을 들였어요.

4. 누구와 손톱에 봉숭아물을 들였나요? ········· (      )

   ① 이모                 ② 할머니

5. 할머니랑 어디에 봉숭아물을 들였나요? ······· (      )

   ① 머리카락             ② 손톱

**다음 글을 읽고 알맞은 답을 찾아보세요.**

할머니랑 손톱에 봉숭아물을 들였어요.

1. 할머니랑 손톱에 무엇을 들였나요? ┄┄┄┄┄┄┄┄┄┄ (          )

① 봉숭아물                          ② 물감

개학하면 손톱 보여 드릴게요.

2. 개학하면 무엇을 보여 드릴 건가요? ┄┄┄┄┄┄┄┄ (          )

① 손톱                          ② 발톱

                          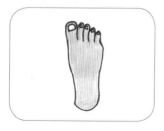

3. 언제 손톱을 보여 드릴 건가요? ┄┄┄┄┄┄┄┄┄ (          )

① 개학하면                          ② 추석이 되면

 봉숭아물을 들이면 어떨지 손톱을 예쁘게 색칠하고 느낌을 써 보세요.

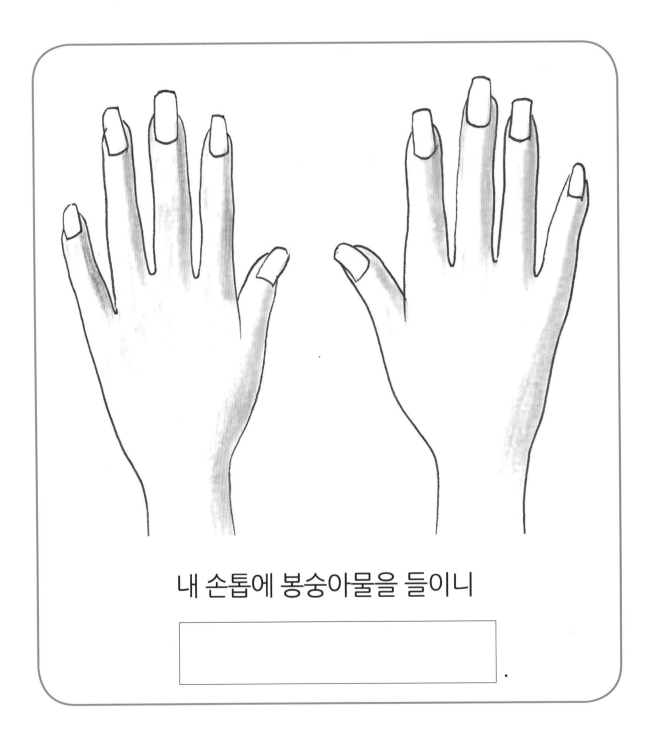

내 손톱에 봉숭아물을 들이니

|  |
|  |

.

# 닭 모이 주기

닭 모이를 주었다.

닭이 손을 쪼려고 했다.

깜짝 놀랐다.

닭은 내 손이

꽃인 줄 알았나 보다.

글마중을 읽고 어울리는 그림을 찾아보세요.

**다음 글을 읽고 알맞은 답을 찾아보세요.**

닭 모이를 주었다.

1. 누구에게 모이를 주나요? ·········································· (        )

   ① 닭                          ② 돼지

2. 닭에게 무엇을 주나요? ·········································· (        )

   ① 달걀                        ② 모이

닭이 손을 쪼려고 했다.

3. 닭이 손을 어떻게 하려고 했나요? ······················· (        )

   ① 쪼려고 했다.              ② 악수하려고 했다.

4. 닭이 무엇을 쪼려고 했나요? ································· (        )

   ① 코                          ② 손

**다음 글을 읽고 알맞은 답을 찾아보세요.**

깜짝 놀랐다.

1. 어울리는 표정을 골라 보세요. ·········································· (       )

　① 　　　　　　　　　　　　② 

2. 닭이 내 손을 쪼려고 해서 나는 어땠나요? ··················· (       )

　① 재미있었다　　　　　　　② 놀랐다

닭은 내 손이 꽃인 줄 알았나 보다.

3. 닭이 내 손을 무엇인줄 알았다고 생각했나요? ·················· (       )

　① 꽃　　　　　　　　　　　② 열매

월　　　일　　　요일　　[확인]

 집에서 기르는 여러 동물을 '가축'이라고 합니다. 가축의 이름을
쓰고 가축이 우리에게 무엇을 주는지 알아보세요.

| 가축: 집에서 기르는 동물 | | | |
|---|---|---|---|
| 가 | 축 | 가 | 축 |
| 가 | 축 | 가 | 축 |

| | | |
|---|---|---|
| 소 | 고기와 우유를 준다. | |
| 양 | 고기와 털을 준다. | |
| 돼지 | 고기를 준다. | |
| 닭 | 알과 고기를 준다. | |

 **내가 키우고 싶은 동물의 사진이나 그림을 오려서 붙이고
써 보세요.**

나는 [              ] 를 키우고 싶어요.

# 봉숭아물 예쁘게 들이기

①  봉숭아 꽃, 봉숭아 잎,
명반을 준비한다.

② 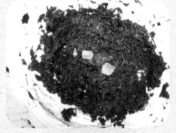 봉숭아 꽃, 봉숭아 잎,
명반을 곱게 빻는다.

③ 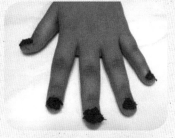 손톱 위에 빻은 꽃잎을
올려놓는다.

④ 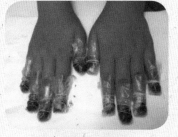 비닐로 감싸고
실로 묶는다.

⑤ 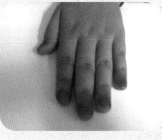 하룻밤을 자고 일어나면
예쁜 손톱이 된다.

글마중을 읽고 순서에 어울리는 그림을  붙임자료  로 붙여 보세요.

| | | |
|---|---|---|
| ① | | 봉숭아 꽃, 봉숭아 잎,<br>명반을 준비한다. |
| ② | | 봉숭아 꽃, 봉숭아 잎,<br>명반을 곱게 빻는다. |
| ③ | | 손톱에 빻은 꽃잎을 올려놓는다. |
| ④ | | 비닐로 감싸고 실로 묶는다. |
| ⑤ | | 하룻밤을 자고 일어나면<br>예쁜 손톱이 된다. |

\* 붙임자료는 109쪽에 있습니다.

**다음 글을 읽고 알맞은 답을 찾아보세요.**

봉숭아 꽃, 봉숭아 잎, 명반을 준비한다.

1. 봉숭아물을 들일 때 무엇을 준비할까요? ················ (        )

① 봉숭아 꽃

② 하늘말나리 꽃

2. 봉숭아물을 들일 때 무엇을 준비할까요? ················ (        )

① 봉숭아 잎

② 사과

3. 봉숭아물을 들일 때 무엇을 준비할까요? ················ (        )

① 설탕

② 명반

**다음 글을 읽고 알맞은 답을 찾아보세요.**

## 봉숭아 꽃, 봉숭아 잎, 명반을 곱게 빻는다.

1. '빻는다'에 어울리는 그림을 찾아보세요. ⋯⋯⋯⋯⋯⋯ (        )

①

②

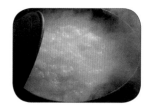

## 손톱에 빻은 꽃잎을 올려놓는다.

2. 어디에 빻은 꽃잎을 올려놓을까요? ⋯⋯⋯⋯⋯⋯ (        )

① 손톱

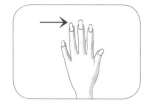

② 손바닥

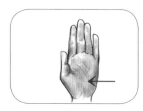

3. 손톱에 무엇을 올려놓을까요? ⋯⋯⋯⋯⋯⋯⋯⋯⋯ (        )

① 활짝 핀 꽃

② 빻은 꽃잎

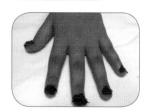

할머니,
저는 집에 잘 도착
했어요.
겨울방학에
또 갈게요.
건강하세요.

**다음 글을 읽고 알맞은 답을 찾아보세요.**

할머니,
저는 집에 잘 도착했어요.
겨울방학에 또 갈게요.

1. 누구에게 보내는 문자메시지인가요? ⋯⋯⋯⋯⋯ (      )

   ① 할머니                    ② 아빠

2. 나는 어디에 도착했나요? ⋯⋯⋯⋯⋯⋯⋯⋯ (      )

   ① 학교                      ② 집

3. 할머니 댁에 언제 또 간다고 했나요? ⋯⋯⋯⋯ (      )

   ① 겨울방학                  ② 설날

4. 무엇을 하고 있나요? 어울리는 그림을 골라 보세요. ⋯⋯ (      )

   ① 편지를 써요.              ② 문자메시지를 보내요.

5. 할머니는 무엇이라고 답장했을까요? ⋯⋯⋯⋯⋯ (      )

   ① 그래, 잘 지내거라.        ② 누구세요?

월      일      요일   확인

 순서에 주의하며 닿소리를 읽고 써 보세요.

 치읓

 큰 소리로 읽으면서 바르게 써 보세요.

| ㅏ | ㅑ | ㅓ | ㅕ | ㅗ | ㅛ | ㅜ | ㅠ | ㅡ | ㅣ |
|---|---|---|---|---|---|---|---|---|---|
| 차 | 챠 | 처 | 쳐 | 초 | 쵸 | 추 | 츄 | 츠 | 치 |
| 앛 | 얔 | 엋 | 옃 | 옿 | 욯 | 웇 | 윻 | 읓 | 잋 |

 'ㅊ'이 들어가 있는 낱말에 ○ 해 보세요.

천 원        매미        배추

메뚜기       친구        과자

낱말을 읽고 써 보세요.

| 친 | 구 |
|---|---|
|   |   |

| 천 | 원 |
|---|---|
|   |   |

| 체 | 육 |
|---|---|
|   |   |

| 시 | 간 |
|---|---|
|   |   |

 낱자들을 더해서 써 보세요.

| 첫소리 | + | 가운뎃소리 | + | 끝소리 | = | 글자 |
|---|---|---|---|---|---|---|

| ㅊ | + | ㅏ | + |   | = | 차  |
|---|---|---|---|---|---|---|
| ㅊ | + | ㅗ | + |   | = | 초  |
| ㅊ | + | ㅐ | + | ㄱ | = | 책  |
| ㅊ | + | ㅗ | + | ㅇ | = | 총  |

'　ㅊ　'이 끝소리로 쓰이는 낱말을 읽고 써 보세요.

숯

| ㅅ | ㅜ | ㅊ |

숯

꽃

| ㄲ | ㅗ | ㅊ |

꽃

| 쫓 | 아 | 와 | 요 |
|---|---|---|---|
| ㅉㅗㅊㅇㅏ | ㅇㅏ | ㅇㅘ | ㅇㅛ |
| 쫓 | 아 | 와 | 요 |
| | | | |

마음대로
그려 보세요

★ 27쪽에 활용하세요.

★ 34쪽에 활용하세요.

★ 68쪽에 활용하세요.

★ 69쪽에 활용하세요.

★ 76쪽에 활용하세요.

★ 100쪽에 활용하세요.